目錄

掃一掃聽有聲經典

音頻二維碼

詩經

周南

關雎

關關雎鳩，在河之洲。
窈窕淑女，君子好逑。
參差荇菜，左右流之。
窈窕淑女，寤寐求之。
求之不得，寤寐思服。

悠哉悠哉．輾轉反側．
參差荇菜．左右采之．
窈窕淑女．琴瑟友之．
參差荇菜．左右芼之．
窈窕淑女．鐘鼓樂之．

葛覃

葛之覃兮．施於中谷．維葉萋萋．
黃鳥於飛．集於灌木．其鳴喈喈．
葛之覃兮．施於中谷．維葉莫莫．

是刈是濩．爲絺爲綌．服之無斁．

言告師氏．言告言歸．

薄污我私．薄浣我衣．

害浣害否．歸寧父母．

卷耳

采采卷耳．不盈頃筐．

嗟我懷人．寘彼周行．

陟彼崔嵬．我馬虺隤．

我姑酌彼金罍．維以不永懷．

陟彼高岡．我馬玄黄．
我姑酌彼兕觥．維以不永傷．
陟彼砠矣．我馬瘏矣．
我僕痡矣．云何吁矣．

桃夭

桃之夭夭．灼灼其華．
之子于歸．宜其室家．
桃之夭夭．有蕡其實．
之子于歸．宜其家室．

桃之夭夭。其葉蓁蓁。
之子於歸。宜其家人。

芣苢

采采芣苢。薄言采之。
采采芣苢。薄言有之。
采采芣苢。薄言掇之。
采采芣苢。薄言捋之。
采采芣苢。薄言袺之。
采采芣苢。薄言襭之。

漢廣

南有喬木．不可休思．
漢有游女．不可求思．
漢之廣矣．不可泳思．
江之永矣．不可方思．
翹翹錯薪．言刈其楚．
之子於歸．言秣其馬．
漢之廣矣．不可泳思．
江之永矣．不可方思．

翹翹錯薪。言刈其蔞。
之子於歸。言秣其駒。
漢之廣矣。不可泳思。
江之永矣。不可方思。

召南

摽有梅

摽有梅。其實七兮。
求我庶士。迨其吉兮。
摽有梅。其實三兮。

求我庶士，迨其今兮。

摽有梅，頃筐塈之。

求我庶士，迨其謂之。

小星

嘒彼小星，三五在東。

肅肅宵征，夙夜在公。

寔命不同。

嘒彼小星，維參與昴。

肅肅宵征，抱衾與裯。

寔命不猶。

野有死麕

野有死麕。白茅包之。
有女懷春。吉士誘之。
林有樸樕。野有死鹿。
白茅純束。有女如玉。
舒而脫脫兮。無感我帨兮。
無使尨也吠。

邶風

柏舟

汎彼柏舟．亦汎其流．

耿耿不寐．如有隱憂．

微我無酒．以敖以游．

我心匪鑒．不可以茹．

亦有兄弟．不可以據．

薄言往愬．逢彼之怒．

我心匪石．不可轉也．

我心匪席，不可卷也。
威儀棣棣，不可選也。
憂心悄悄，慍於群小。
覯閔既多，受侮不少。
靜言思之，寤辟有摽。
日居月諸，胡迭而微。
心之憂矣，如匪浣衣。
靜言思之，不能奮飛。

緑衣

緑兮衣兮．緑衣黃裏．

心之憂矣．曷維其已．

緑兮衣兮．緑衣黃裳．

心之憂矣．曷維其亡．

緑兮絲兮．女所治兮．

我思古人．俾無訧兮．

絺兮綌兮．凄其以風．

我思古人．實獲我心．

燕燕

燕燕於飛。差池其羽。
之子於歸。遠送於野。
瞻望弗及。泣涕如雨。
燕燕於飛。頡之頏之。
之子於歸。遠於將之。
瞻望弗及。佇立以泣。
燕燕於飛。下上其音。
之子於歸。遠送於南。

瞻望弗及．實勞我心．

仲氏任祇．其心塞淵．

終温且惠．淑慎其身．

先君之思．以勖寡人．

擊鼓

擊鼓其鏜．踴躍用兵．

土國城漕．我獨南行．

從孫子仲．平陳與宋．

不我以歸．憂心有忡．

爰居爰處。爰喪其馬。
於以求之。於林之下。
死生契闊。與子成說。
執子之手。與子偕老。
於嗟闊兮。不我活兮。
於嗟洵兮。不我信兮。

凱風

凱風自南。吹彼棘心。
棘心夭夭。母氏劬勞。

凱風自南．吹彼棘薪．
母氏聖善．我無令人．
爰有寒泉．在浚之下．
有子七人．母氏勞苦．
睍睆黃鳥．載好其音．
有子七人．莫慰母心．

谷風

習習谷風．以陰以雨．
黽勉同心．不宜有怒．

采葑采菲。無以下體。
德音莫違。及爾同死。
行道遲遲。中心有違。
不遠伊邇。薄送我畿。
誰謂荼苦。其甘如薺。
宴爾新昏。如兄如弟。
涇以渭濁。湜湜其沚。
宴爾新昏。不我屑以。
毋逝我梁。毋發我笱。

我躬不閱。遑恤我後。

就其深矣。方之舟之。

就其淺矣。泳之游之。

何有何亡。黽勉求之。

凡民有喪。匍匐救之。

不我能慉。反以我爲仇。

既阻我德。賈用不售。

昔育恐育鞫。及爾顛覆。

既生既育。比予於毒。

我有旨蓄，亦以禦冬。
宴爾新昏，以我禦窮。
有洸有潰，既詒我肄。
不念昔者，伊余來塈。

式微

式微，式微，胡不歸。
微君之故，胡爲乎中露。
式微，式微，胡不歸。
微君之躬，胡爲乎泥中。

北門

出自北門。憂心殷殷。
終窶且貧。莫知我艱。
已焉哉。
天實爲之。謂之何哉。
王事適我。政事一埤益我。
我入自外。室人交遍讁我。
已焉哉。
天實爲之。謂之何哉。

王事敦我。政事一埤遺我。
我入自外。室人交遍摧我。
已焉哉。
天實爲之。謂之何哉。

北風

北風其涼。雨雪其雱。
惠而好我。攜手同行。
其虛其邪。既亟祇且。
北風其喈。雨雪其霏。

惠而好我．攜手同歸．
其虛其邪．既亟祗且．
莫赤匪狐．莫黑匪烏．
惠而好我．攜手同車．
其虛其邪．既亟祗且．

靜女

靜女其姝．俟我於城隅．
愛而不見．搔首踟躕．
靜女其孌．貽我彤管．

彤管有煒。說懌女美。
自牧歸荑。洵美且異。
匪女之爲美。美人之貽。

鄘風

柏舟

汎彼柏舟。在彼中河。
髧彼兩髦。實維我儀。
之死矢靡它。
母也天只。不諒人只。

汎彼柏舟。在彼河側。

髧彼兩髦。實維我特。

之死矢靡慝。

母也天祇。不諒人祇。

墻有茨

墻有茨。不可埽也。

中冓之言。不可道也。

所可道也。言之醜也。

墻有茨。不可襄也。

中冓之言。不可詳也。
所可詳也。言之長也。
墻有茨。不可束也。
中冓之言。不可讀也。
所可讀也。言之辱也。

桑中

爰采唐矣。沬之鄉矣。
云誰之思。美孟姜矣。
期我乎桑中。要我乎上宮。

送我乎淇之上矣。
爰采麥矣。沫之北矣。
云誰之思。美孟弋矣。
期我乎桑中。要我乎上宮。
送我乎淇之上矣。
爰采葑矣。沫之東矣。
云誰之思。美孟庸矣。
期我乎桑中。要我乎上宮。
送我乎淇之上矣。

相鼠

相鼠有皮．人而無儀．
人而無儀．不死何爲．
相鼠有齒．人而無止．
人而無止．不死何俟．
相鼠有體．人而無禮．
人而無禮．胡不遄死．

載馳

載馳載驅．歸唁衛侯．

驅馬悠悠。言至於漕。
大夫跋涉。我心則憂。
既不我嘉。不能旋反。
視爾不臧。我思不遠。
既不我嘉。不能旋濟。
視爾不臧。我思不閟。
陟彼阿丘。言采其蝱。
女子善懷。亦各有行。
許人尤之。衆稚且狂。

我行其野·芃芃其麥·

控於大邦·誰因誰極·

大夫君子·無我有尤·

百爾所思·不如我所之·

衛風

碩人

碩人其頎·衣錦褧衣·

齊侯之子·衛侯之妻·

東宮之妹·邢侯之姨·

譚公維私。

手如柔荑，膚如凝脂。

領如蝤蠐，齒如瓠犀。

螓首蛾眉。

巧笑倩兮，美目盼兮。

碩人敖敖，說於農郊。

四牡有驕，朱幩鑣鑣。

翟茀以朝。

大夫夙退，無使君勞。

河水洋洋．北流活活．
施罛濊濊．鱣鮪發發．
葭菼揭揭．庶姜孽孽．庶士有朅．

氓

氓之蚩蚩．抱布貿絲．
匪來貿絲．來即我謀．
送子涉淇．至於頓丘．
匪我愆期．子無良媒．
將子無怒．秋以爲期．

乘彼垝垣．以望復關．
不見復關．泣涕漣漣．
既見復關．載笑載言．
爾卜爾筮．體無咎言．
以爾車來．以我賄遷．
桑之未落．其葉沃若．
於嗟鳩兮．無食桑葚．
於嗟女兮．無與士耽．
士之耽兮．猶可說也．

女之耽兮。不可說也。
桑之落矣。其黄而隕。
自我徂爾。三歲食貧。
淇水湯湯。漸車帷裳。
女也不爽。士貳其行。
士也罔極。二三其德。
三歲爲婦。靡室勞矣。
夙興夜寐。靡有朝矣。
言既遂矣。至於暴矣。

兄弟不知，咥其笑矣。
靜言思之，躬自悼矣。
及爾偕老，老使我怨。
淇則有岸，隰則有泮。
總角之宴，言笑晏晏。
信誓旦旦，不思其反。
反是不思，亦已焉哉。

竹竿

籊籊竹竿，以釣於淇。

豈不爾思．遠莫致之．
泉源在左．淇水在右．
女子有行．遠兄弟父母．
淇水在右．泉源在左．
巧笑之瑳．佩玉之儺．
淇水滺滺．檜楫松舟．
駕言出游．以寫我憂．

河廣

誰謂河廣．一葦杭之．

誰謂宋遠．跂予望之．
誰謂河廣．曾不容刀．
誰謂宋遠．曾不崇朝．
伯兮
伯兮朅兮．邦之桀兮．
伯也執殳．爲王前驅．
自伯之東．首如飛蓬．
豈無膏沐．誰適爲容．
其雨其雨．杲杲出日．

願言思伯。甘心首疾。
焉得諼草。言樹之背。
願言思伯。使我心痗。

木瓜

投我以木瓜。報之以瓊琚。
匪報也。永以爲好也。
投我以木桃。報之以瓊瑤。
匪報也。永以爲好也。
投我以木李。報之以瓊玖。

匪報也。永以爲好也。

王風

黍離

彼黍離離。彼稷之苗。

行邁靡靡。中心搖搖。

知我者。謂我心憂。

不知我者。謂我何求。

悠悠蒼天。此何人哉。

彼黍離離。彼稷之穗。

行邁靡靡．中心如醉．
知我者．謂我心憂．
不知我者．謂我何求．
悠悠蒼天．此何人哉．
彼黍離離．彼稷之實．
行邁靡靡．中心如噎．
知我者．謂我心憂．
不知我者．謂我何求．
悠悠蒼天．此何人哉．

君子於役

君子於役。不知其期。
曷至哉。
鷄栖於塒。日之夕矣。
羊牛下來。
君子於役。如之何勿思。
君子於役。不日不月。
曷其有佸。
鷄栖於桀。日之夕矣。

羊牛下括。

君子於役，苟無饑渴。

兔爰

有兔爰爰，雉離於羅。

我生之初，尚無爲。

我生之後，逢此百罹。

尚寐無吪。

有兔爰爰，雉離於罦。

我生之初，尚無造。

我生之後．逢此百憂．尚寐無覺．

有兔爰爰．雉離於罿．我生之初．尚無庸．我生之後．逢此百凶．尚寐無聰．

采葛

彼采葛兮．一日不見．如三月兮．

彼采蕭兮。

一日不見，如三秋兮。

彼采艾兮。

一日不見，如三歲兮。

鄭風

將仲子

將仲子兮，無踰我里。

無折我樹杞。

豈敢愛之，畏我父母。

仲可懷也。父母之言。

亦可畏也。

將仲子兮。無踰我墻。

無折我樹桑。

豈敢愛之。畏我諸兄。

仲可懷也。諸兄之言。

亦可畏也。

將仲子兮。無踰我園。

無折我樹檀。

豈敢愛之。畏人之多言。

仲可懷也。人之多言。

亦可畏也。

女曰鷄鳴

女曰鷄鳴。

士曰昧旦。

子興視夜。明星有爛。

將翱將翔。弋鳧與鴈。

弋言加之。與子宜之。

宜言飲酒．與子偕老．
琴瑟在御．莫不靜好．
知子之來之．雜佩以贈之．
知子之順之．雜佩以問之．
知子之好之．雜佩以報之．

狡童

彼狡童兮．不與我言兮．
維子之故．使我不能餐兮．
彼狡童兮．不與我食兮．

維子之故。使我不能息兮。

褰裳

子惠思我。褰裳涉溱。

子不我思。豈無他人。

狂童之狂也且。

子惠思我。褰裳涉洧。

子不我思。豈無他士。

狂童之狂也且。

風雨

風雨淒淒．鷄鳴喈喈．
既見君子．云胡不夷．
風雨瀟瀟．鷄鳴膠膠．
既見君子．云胡不瘳．
風雨如晦．鷄鳴不已．
既見君子．云胡不喜．

子衿

青青子衿．悠悠我心．

縱我不往，子寧不嗣音。
青青子佩，悠悠我思。
縱我不往，子寧不來。
挑兮達兮，在城闕兮。
一日不見，如三月兮。

出其東門

出其東門，有女如雲。
雖則如雲，匪我思存。
縞衣綦巾，聊樂我員。

出其闉闍。有女如荼。
雖則如荼。匪我思且。
縞衣茹藘。聊可與娛。

野有蔓草

野有蔓草。零露漙兮。
有美一人。清揚婉兮。
邂逅相遇。適我願兮。
野有蔓草。零露瀼瀼。
有美一人。婉如清揚。

邂逅相遇。與子偕臧。

溱洧

溱與洧。方渙渙兮。
士與女。方秉蕑兮。
女曰觀乎。
士曰既且。
且往觀乎。
洧之外。洵訏且樂。
維士與女。伊其相謔。

贈之以勺藥。

溱與洧，瀏其清矣。

士與女，殷其盈矣。

女曰觀乎。

士曰既且。

且往觀乎。

洧之外，洵訏且樂。

維士與女，伊其將謔。

贈之以勺藥。

齊風

雞鳴

雞既鳴矣。朝既盈矣。
匪雞則鳴。蒼蠅之聲。
東方明矣。朝既昌矣。
匪東方則明。月出之光。
蟲飛薨薨。甘與子同夢。
會且歸矣。無庶予子憎。

東方未明

東方未明．顛倒衣裳．
顛之倒之．自公召之．
東方未晞．顛倒裳衣．
倒之顛之．自公令之．
折柳樊圃．狂夫瞿瞿．
不能辰夜．不夙則莫．

魏風

園有桃

園有桃，其實之肴。心之憂矣，我歌且謠。不知我者，謂我士也驕。彼人是哉，子曰何其。心之憂矣，其誰知之。其誰知之，蓋亦勿思。

園有棘，其實之食。

心之憂矣．聊以行國．
不知我者．謂我士也罔極．
彼人是哉．子曰何其．
心之憂矣．其誰知之．
其誰知之．蓋亦勿思．

陟岵

陟彼岵兮．瞻望父兮．
父曰．嗟予子行役．
夙夜無已．

上慎旃哉．猶來無止．
陟彼屺兮．瞻望母兮．
母曰．嗟．予季行役．
夙夜無寐．
上慎旃哉．猶來無棄．
陟彼岡兮．瞻望兄兮．
兄曰．嗟．予弟行役．
夙夜必偕．
上慎旃哉．猶來無死．

十畝之間

十畝之間兮．桑者閑閑兮．
行與子還兮．
十畝之外兮．桑者泄泄兮．
行與子逝兮．

伐檀

坎坎伐檀兮．置之河之幹兮．
河水清且漣猗．
不稼不穡．胡取禾三百廛兮．

不狩不獵。胡瞻爾庭有縣貆兮。
彼君子兮。不素餐兮。
坎坎伐輻兮。置之河之側兮。
河水清且直猗。
不稼不穡。胡取禾三百億兮。
不狩不獵。胡瞻爾庭有縣特兮。
彼君子兮。不素食兮。
坎坎伐輪兮。置之河之漘兮。
河水清且淪猗。

不稼不穡．胡取禾三百囷兮．
不狩不獵．胡瞻爾庭有縣鶉兮．
彼君子兮．不素飧兮．

碩鼠

碩鼠碩鼠．無食我黍．
三歲貫女．莫我肯顧．
逝將去女．適彼樂土．
樂土樂土．爰得我所．
碩鼠碩鼠．無食我麥．

三歲貫女。莫我肯德。
逝將去女。適彼樂國。
樂國樂國。爰得我直。
碩鼠碩鼠。無食我苗。
三歲貫女。莫我肯勞。
逝將去汝。適彼樂郊。
樂郊樂郊。誰之永號。

唐風

蟋蟀

蟋蟀在堂．歲聿其莫．
今我不樂．日月其除．
無已大康．職思其居．
好樂無荒．良士瞿瞿．
蟋蟀在堂．歲聿其逝．
今我不樂．日月其邁．
無已大康．職思其外．

好樂無荒．良士蹶蹶．
蟋蟀在堂．役車其休．
今我不樂．日月其慆．
無已大康．職思其憂．
好樂無荒．良士休休．

山有樞

山有樞．隰有榆．
子有衣裳．弗曳弗婁．
子有車馬．弗馳弗驅．

宛其死矣．他人是愉．

山有栲．隰有杻．

子有廷内．弗灑弗埽．

子有鐘鼓．弗鼓弗考．

宛其死矣．他人是保．

山有漆．隰有栗．

子有酒食．何不日鼓瑟．

且以喜樂．且以永日．

宛其死矣．他人入室．

綢繆

綢繆束薪，三星在天。
今夕何夕，見此良人。
子兮子兮，如此良人何。
綢繆束芻，三星在隅。
今夕何夕，見此邂逅。
子兮子兮，如此邂逅何。
綢繆束楚，三星在户。
今夕何夕，見此粲者。

子兮子兮．如此粲者何．

鴇羽

肅肅鴇羽．集於苞栩．
王事靡盬．不能蓺稷黍．
父母何怙．
悠悠蒼天．曷其有所．
肅肅鴇翼．集於苞棘．
王事靡盬．不能蓺黍稷．
父母何食．

悠悠蒼天．曷其有極．

肅肅鴇行．集於苞桑．

王事靡盬．不能蓺稻粱．

父母何嘗．

悠悠蒼天．曷其有常．

葛生

葛生蒙楚．蘞蔓於野．

予美亡此．誰與．

獨處．

葛生蒙棘，蘞蔓於域。
予美亡此，誰與？
獨息。
角枕粲兮，錦衾爛兮。
予美亡此，誰與？
獨旦。
夏之日，冬之夜。
百歲之後，歸於其居。
冬之夜，夏之日。

百歲之後。歸於其室。

秦風

蒹葭

蒹葭蒼蒼。白露爲霜。
所謂伊人。在水一方。
溯洄從之。道阻且長。
溯游從之。宛在水中央。
蒹葭淒淒。白露未晞。
所謂伊人。在水之湄。

溯洄從之．道阻且躋．
溯游從之．宛在水中坻．
蒹葭采采．白露未已．
所謂伊人．在水之涘．
溯洄從之．道阻且右．
溯游從之．宛在水中沚．

黃鳥

交交黃鳥．止於棘．
誰從穆公．子車奄息．

維此奄息。百夫之特。
臨其穴。惴惴其慄。
彼蒼者天。殲我良人。
如可贖兮。人百其身。
交交黃鳥。止於桑。
誰從穆公。子車仲行。
維此仲行。百夫之防。
臨其穴。惴惴其慄。
彼蒼者天。殲我良人。

如可贖兮，人百其身。

交交黃鳥，止於楚。

誰從穆公？子車鍼虎。

維此鍼虎，百夫之禦。

臨其穴，惴惴其栗。

彼蒼者天，殲我良人。

如可贖兮，人百其身。

晨風

鴥彼晨風，鬱彼北林。

未見君子．憂心欽欽．
如何如何．忘我實多．
山有苞櫟．隰有六駮．
未見君子．憂心靡樂．
如何如何．忘我實多．
山有苞棣．隰有樹檖．
未見君子．憂心如醉．
如何如何．忘我實多．

無衣

豈曰無衣．與子同袍．
王於興師．修我戈矛．
與子同仇．
豈曰無衣．與子同澤．
王於興師．修我矛戟．
與子偕作．
豈曰無衣．與子同裳．
王於興師．修我甲兵．

與子偕行。

渭陽

我送舅氏。曰至渭陽。
何以贈之。路車乘黃。
我送舅氏。悠悠我思。
何以贈之。瓊瑰玉佩。

陳風

宛丘

子之湯兮。宛丘之上兮。

洵有情兮，而無望兮。

坎其擊鼓，宛丘之下。

無冬無夏，值其鷺羽。

坎其擊缶，宛丘之道。

無冬無夏，值其鷺翿。

衡門

衡門之下，可以棲遲。

泌之洋洋，可以樂饑。

豈其食魚，必河之魴。

豈其取妻．必齊之姜．

豈其食魚．必河之鯉．

豈其取妻．必宋之子．

東門之楊

東門之楊．其葉牂牂．

昏以爲期．明星煌煌．

東門之楊．其葉肺肺．

昏以爲期．明星晢晢．

墓門

墓門有棘．斧以斯之．
夫也不良．國人知之．
知而不已．誰昔然矣．
墓門有梅．有鴞萃止．
夫也不良．歌以訊之．
訊予不顧．顛倒思予．

防有鵲巢

防有鵲巢．邛有旨苕．

誰侜予美，心焉忉忉。

中唐有甓，邛有旨鷊。

誰侜予美，心焉惕惕。

月出

月出皎兮，佼人僚兮。

舒窈糾兮，勞心悄兮。

月出皓兮，佼人懰兮。

舒懮受兮，勞心慅兮。

月出照兮，佼人燎兮。

舒夭紹兮。勞心慘兮。

澤陂

彼澤之陂。有蒲與荷。
有美一人。傷如之何。
寤寐無爲。涕泗滂沱。

彼澤之陂。有蒲與蕑。
有美一人。碩大且卷。
寤寐無爲。中心悁悁。

彼澤之陂。有蒲菡萏。

有美一人．碩大且儼．

寤寐無爲．輾轉伏枕．

檜風

隰有萇楚

隰有萇楚．猗儺其枝．
夭之沃沃．樂子之無知．

隰有萇楚．猗儺其華．
夭之沃沃．樂子之無家．

隰有萇楚．猗儺其實．

夭之沃沃。樂子之無室。

匪風

匪風發兮。匪車偈兮。

顧瞻周道。中心怛兮。

匪風飄兮。匪車嘌兮。

顧瞻周道。中心吊兮。

誰能亨魚。溉之釜鬵。

誰將西歸。懷之好音。

曹風

蜉蝣

蜉蝣之羽。衣裳楚楚。
心之憂矣。於我歸處。
蜉蝣之翼。采采衣服。
心之憂矣。於我歸息。
蜉蝣掘閱。麻衣如雪。
心之憂矣。於我歸說。

候人

彼候人兮，何戈與祋。
彼其之子，三百赤芾。
維鵜在梁，不濡其翼。
彼其之子，不稱其服。
維鵜在梁，不濡其咮。
彼其之子，不遂其媾。
薈兮蔚兮，南山朝隮。
婉兮孌兮，季女斯饑。

下泉

冽彼下泉。浸彼苞稂。
愾我寤嘆。念彼周京。
冽彼下泉。浸彼苞蕭。
愾我寤嘆。念彼京周。
冽彼下泉。浸彼苞蓍。
愾我寤嘆。念彼京師。
芃芃黍苗。陰雨膏之。
四國有王。郇伯勞之。

豳風

七月

七月流火．九月授衣．
一之日觱發．二之日栗烈．
無衣無褐．何以卒歲．
三之日于耜．四之日舉趾．
同我婦子．饁彼南畝．
田畯至喜．
七月流火．九月授衣．

春日載陽．有鳴倉庚．
女執懿筐．遵彼微行．
爰求柔桑．
春日遲遲．采蘩祁祁．
女心傷悲．殆及公子同歸．
七月流火．八月萑葦．
蠶月條桑．取彼斧斨．
以伐遠揚．猗彼女桑．
七月鳴鵙．八月載績．

載玄載黄．我朱孔陽．
爲公子裳．
四月秀葽．五月鳴蜩．
八月其獲．十月隕蘀．
一之日于貉．取彼狐狸．
爲公子裘．
二之日其同．載纘武功．
言私其豵．獻豜於公．
五月斯螽動股．六月莎鷄振羽．

七月在野．八月在宇．
九月在户．十月蟋蟀入我床下．
穹室熏鼠．塞向墐户．
嗟我婦子．曰爲改歲．
入此室處．
六月食鬱及薁．七月亨葵及菽．
八月剥棗．十月獲稻．
爲此春酒．以介眉壽．
七月食瓜．八月斷壺．

九月叔苴．
采荼薪樗．食我農夫．
九月築場圃．十月納禾稼．
黍稷重穋．禾麻菽麥．
嗟我農夫．我稼既同．
上入執宮功．
晝爾於茅．宵爾索綯．
亟其乘屋．其始播百穀．
二之日鑿冰衝衝．三之日納於凌陰．

四之日其蚤。獻羔祭韭。
九月肅霜。十月滌場。
朋酒斯饗。曰殺羔羊。
躋彼公堂。稱彼兕觥。
萬壽無疆。

鴟鴞

鴟鴞鴟鴞。
既取我子。無毀我室。
恩斯勤斯。鬻子之閔斯。

迨天之未陰雨，徹彼桑土，
綢繆牖户。
今女下民，或敢侮予。
予手拮據，予所捋荼，
予所蓄租，予口卒瘏，
曰予未有室家。
予羽譙譙，予尾翛翛，
予室翹翹，風雨所漂摇，
予維音曉曉。

東山

我徂東山。慆慆不歸。
我來自東。零雨其濛。
我東曰歸。我心西悲。
制彼裳衣。勿士行枚。
蜎蜎者蠋。烝在桑野。
敦彼獨宿。亦在車下。
我徂東山。慆慆不歸。
我來自東。零雨其濛。

果臝之實，亦施於宇。
伊威在室，蠨蛸在户。
町畽鹿場，熠燿宵行。
不可畏也，伊可懷也。
我徂東山，慆慆不歸。
我來自東，零雨其濛。
鸛鳴於垤，婦嘆於室。
灑掃穹窒，我征聿至。
有敦瓜苦，烝在栗薪。

自我不見，於今三年。

我徂東山，慆慆不歸。

我來自東，零雨其濛。

倉庚于飛，熠燿其羽。

之子于歸，皇駁其馬。

親結其縭，九十其儀。

其新孔嘉，其舊如之何。

伐柯

伐柯如何，匪斧不克。

取妻如何．匪媒不得．
伐柯伐柯．其則不遠．
我覯之子．籩豆有踐．

小雅

鹿鳴

呦呦鹿鳴．食野之苹．
我有嘉賓．鼓瑟吹笙．
吹笙鼓簧．承筐是將．
人之好我．示我周行．

呦呦鹿鳴．食野之蒿．
我有嘉賓．德音孔昭．
視民不恌．君子是則是效．
我有旨酒．嘉賓式燕以敖．
呦呦鹿鳴．食野之芩．
我有嘉賓．鼓瑟鼓琴．
鼓瑟鼓琴．和樂且湛．
我有旨酒．以燕樂嘉賓之心．

常棣

常棣之華，鄂不韡韡。

凡今之人，莫如兄弟。

死喪之威，兄弟孔懷。

原隰裒矣，兄弟求矣。

脊令在原，兄弟急難。

每有良朋，況也永嘆。

兄弟鬩於墻，外禦其務。

每有良朋，烝也無戎。

喪亂既平。既安且寧。
雖有兄弟。不如友生。
儐爾籩豆。飲酒之飫。
兄弟既具。和樂且孺。
妻子好合。如鼓瑟琴。
兄弟既翕。和樂且湛。
宜爾室家。樂爾妻帑。
是究是圖。亶其然乎。

伐木

伐木丁丁．鳥鳴嚶嚶．
出自幽谷．遷於喬木．
嚶其鳴矣．求其友聲．
相彼鳥矣．猶求友聲．
矧伊人矣．不求友生．
神之聽之．終和且平．
伐木許許．釃酒有藇．
既有肥羜．以速諸父．

寧適不來．微我弗顧．

於粲灑埽．陳饋八簋．

既有肥牡．以速諸舅．

寧適不來．微我有咎．

伐木於阪．釃酒有衍．

籩豆有踐．兄弟無遠．

民之失德．乾餱以愆．

有酒湑我．無酒酤我．

坎坎鼓我．蹲蹲舞我．

迨我暇矣．飲此湑矣．

采薇

采薇采薇．薇亦作止．
曰歸曰歸．歲亦莫止．
靡室靡家．玁狁之故．
不遑啓居．玁狁之故．
采薇采薇．薇亦柔止．
曰歸曰歸．心亦憂止．
憂心烈烈．載饑載渴．

我戍未定．靡使歸聘．
采薇采薇．薇亦剛止．
曰歸曰歸．歲亦陽止．
王事靡盬．不遑啓處．
憂心孔疚．我行不來．
彼爾維何．維常之華．
彼路斯何．君子之車．
戎車既駕．四牡業業．
豈敢定居．一月三捷．

駕彼四牡．四牡騤騤．
君子所依．小人所腓．
四牡翼翼．象弭魚服．
豈不日戒．玁狁孔棘．
昔我往矣．楊柳依依．
今我來思．雨雪霏霏．
行道遲遲．載渴載饑．
我心傷悲．莫知我哀．

出車

我出我車。於彼牧矣。

自天子所。謂我來矣。

召彼僕夫。謂之載矣。

王事多難。維其棘矣。

我出我車。於彼郊矣。

設此旐矣。建彼旄矣。

彼旟旐斯。胡不旆旆。

憂心悄悄。僕夫況瘁。

王命南仲．往城於方．
出車彭彭．旂旐央央．
天子命我．城彼朔方．
赫赫南仲．玁狁於襄．
昔我往矣．黍稷方華．
今我來思．雨雪載塗．
王事多難．不遑啓居．
豈不懷歸．畏此簡書．
喓喓草蟲．趯趯阜螽．

未見君子。憂心忡忡。
既見君子。我心則降。
赫赫南仲。薄伐西戎。
春日遲遲。卉木萋萋。
倉庚喈喈。采蘩祁祁。
執訊獲醜。薄言還歸。
赫赫南仲。玁狁於夷。

鴻雁

鴻雁於飛。肅肅其羽。

之子於征．劬勞於野．
爰及矜人．哀此鰥寡．
鴻雁於飛．集於中澤．
之子於垣．百堵皆作．
雖則劬勞．其究安宅．
鴻雁於飛．哀鳴嗷嗷．
維此哲人．謂我劬勞．
維彼愚人．謂我宣驕．

鶴鳴

鶴鳴於九皋，聲聞於野。
魚潛在淵，或在於渚。
樂彼之園，爰有樹檀，其下維蘀。
他山之石，可以爲錯。
鶴鳴於九皋，聲聞於天。
魚在於渚，或潛在淵。
樂彼之園，爰有樹檀，其下維穀。
他山之石，可以攻玉。

白駒

皎皎白駒，食我場苗。縶之維之，以永今朝。所謂伊人，於焉逍遥。

皎皎白駒，食我場藿。縶之維之，以永今夕。所謂伊人，於焉嘉客。

皎皎白駒，賁然來思。爾公爾侯，逸豫無期。

慎爾優游．勉爾遁思．

皎皎白駒．在彼空谷．

生芻一束．其人如玉．

毋金玉爾音．而有遐心．

無羊

誰謂爾無羊．三百維群．

誰謂爾無牛．九十其犉．

爾羊來思．其角濈濈．

爾牛來思．其耳濕濕．

或降於阿。或飲於池。或寢或訛。
爾牧來思。何蓑何笠。或負其餱。
三十維物。爾牲則具。
爾牧來思。以薪以蒸。以雌以雄。
爾羊來思。矜矜兢兢。不騫不崩。
麾之以肱。畢來既升。
牧人乃夢。衆維魚矣。旐維旟矣。
大人占之。衆維魚矣。實維豐年。
旐維旟矣。室家溱溱。

節南山

節彼南山．維石岩岩．
赫赫師尹．民具爾瞻．
憂心如惔．不敢戲談．
國既卒斬．何用不監．
節彼南山．有實其猗．
赫赫師尹．不平謂何．
天方薦瘥．喪亂弘多．
民言無嘉．憯莫懲嗟．

尹氏大師．維周之氐．
秉國之均．四方是維．
天子是毗．俾民不迷．
不吊昊天．不宜空我師．
弗躬弗親．庶民弗信．
弗問弗仕．勿罔君子．
式夷式已．無小人殆．
瑣瑣姻亞．則無膴仕．
昊天不傭．降此鞠訩．

昊天不惠．降此大戾．
君子如届．俾民心闋．
君子如夷．惡怒是違．
不弔昊天．亂靡有定．
式月斯生．俾民不寧．
憂心如酲．誰秉國成．
不自爲政．卒勞百姓．
駕彼四牡．四牡項領．
我瞻四方．蹙蹙靡所騁．

方茂爾惡．相爾矛矣．
既夷既懌．如相酬矣．
昊天不平．我王不寧．
不懲其心．覆怨其正．
家父作誦．以究王訩．
式訛爾心．以畜萬邦．

小旻

旻天疾威．敷於下土．
謀猶迴遹．何日斯沮．

謀臧不從。不臧覆用。
我視謀猶。亦孔之邛。
潝潝訿訿。亦孔之哀。
謀之其臧。則具是違。
謀之不臧。則具是依。
我視謀猶。伊於胡底。
我龜既厭。不我告猶。
謀夫孔多。是用不集。
發言盈庭。誰敢執其咎。

如匪行邁謀。是用不得於道。

哀哉爲猶。匪先民是程。匪大猶是經。

維邇言是聽。維邇言是爭。

如彼築室於道謀。是用不潰於成。

國雖靡止。或聖或否。

民雖靡膴。或哲或謀。或肅或艾。

如彼泉流。無淪胥以敗。

不敢暴虎。不敢馮河。

人知其一。莫知其他。

戰戰兢兢。如臨深淵。如履薄冰。

巧言

悠悠昊天。曰父母且。

無罪無辜。亂如此憮。

昊天已威。予慎無罪。

昊天泰憮。予慎無辜。

亂之初生。僭始既涵。

亂之又生。君子信讒。

君子如怒。亂庶遄沮。

君子如祉，亂庶遄已。
君子屢盟，亂是用長。
君子信盜，亂是用暴。
盜言孔甘，亂是用餤。
匪其止共，維王之邛。
奕奕寢廟，君子作之。
秩秩大猷，聖人莫之。
他人有心，予忖度之。
躍躍毚兔，遇犬獲之。

荏染柔木．君子樹之．
往來行言．心焉數之．
蛇蛇碩言．出自口矣．
巧言如簧．顏之厚矣．
彼何人斯．居河之麋．
無拳無勇．職爲亂階．
既微且尰．爾勇伊何．
爲猶將多．爾居徒幾何．

巷伯

萋兮斐兮，成是貝錦。
彼譖人者，亦已大甚。
哆兮侈兮，成是南箕。
彼譖人者，誰適與謀。
緝緝翩翩，謀欲譖人。
慎爾言也，謂爾不信。
捷捷幡幡，謀欲譖言。
豈不爾受，既其女遷。

驕人好好。勞人草草。

蒼天蒼天。視彼驕人。矜此勞人。

彼譖人者。誰適與謀。

取彼譖人。投畀豺虎。

豺虎不食。投畀有北。

有北不受。投畀有昊。

楊園之道。猗於畝丘。

寺人孟子。作爲此詩。

凡百君子。敬而聽之。

蓼莪

蓼蓼者莪．匪莪伊蒿．
哀哀父母．生我劬勞．
蓼蓼者莪．匪莪伊蔚．
哀哀父母．生我勞瘁．
瓶之罄矣．維罍之恥．
鮮民之生．不如死之久矣．
無父何怙．無母何恃．
出則銜恤．入則靡至．

父兮生我。母兮鞠我。
撫我畜我。長我育我。
顧我復我。出入腹我。
欲報之德。昊天罔極。
南山烈烈。飄風發發。
民莫不穀。我獨何害。
南山律律。飄風弗弗。
民莫不穀。我獨不卒。

北山

陟彼北山，言采其杞。偕偕士子，朝夕從事。王事靡盬，憂我父母。

溥天之下，莫非王土。率土之濱，莫非王臣。大夫不均，我從事獨賢。

四牡彭彭，王事傍傍。嘉我未老，鮮我方將。

旅力方剛．經營四方．

或燕燕居息．或盡瘁事國．

或息偃在床．或不已於行．

或不知叫號．或慘慘劬勞．

或棲遲偃仰．或王事鞅掌．

或湛樂飲酒．或慘慘畏咎．

或出入風議．或靡事不爲．

隰桑

隰桑有阿．其葉有難．

既見君子。其樂如何。

隰桑有阿。其葉有沃。

既見君子。云何不樂。

隰桑有阿。其葉有幽。

既見君子。德音孔膠。

心乎愛矣。遐不謂矣。

中心藏之。何日忘之。

苕之華

苕之華。芸其黃矣。

心之憂矣。維其傷矣。

苕之華。其葉青青。

知我如此。不如無生。

牂羊墳首。三星在罶。

人可以食。鮮可以飽。

何草不黃

何草不黃。何日不行。

何人不將。經營四方。

何草不玄。何人不矜。

哀我征夫．獨爲匪民．
匪兕匪虎．率彼曠野．
哀我征夫．朝夕不暇．
有芃者狐．率彼幽草．
有棧之車．行彼周道．

大雅

文王

文王在上．於昭於天．
周雖舊邦．其命維新．

有周不顯。帝命不時。
文王陟降。在帝左右。
亹亹文王。令聞不已。
陳錫哉周。侯文王孫子。
文王孫子。本支百世。
凡周之士。不顯亦世。
世之不顯。厥猶翼翼。
思皇多士。生此王國。
王國克生。維周之楨。

濟濟多士．文王以寧．

穆穆文王．於緝熙敬止．

假哉天命．有商孫子．

商之孫子．其麗不億．

上帝既命．侯於周服．

侯服於周．天命靡常．

殷士膚敏．裸將於京．

厥作裸將．常服黼冔．

王之藎臣．無念爾祖．

無念爾祖。聿修厥德。
永言配命。自求多福。
殷之未喪師。克配上帝。
宜鑒於殷。駿命不易。
命之不易。無遏爾躬。
宣昭義問。有虞殷自天。
上天之載。無聲無臭。
儀刑文王。萬邦作孚。

大明

明明在下．赫赫在上．
天難忱斯．不易維王．
天位殷適．使不挾四方．
摯仲氏任．自彼殷商．
來嫁於周．曰嬪於京．
乃及王季．維德之行．
大任有身．生此文王．
維此文王．小心翼翼．

昭事上帝．聿懷多福．
厥德不回．以受方國．
天監在下．有命既集．
文王初載．天作之合．
在洽之陽．在渭之涘．
文王嘉止．大邦有子．
大邦有子．俔天之妹．
文定厥祥．親迎於渭．
造舟爲梁．不顯其光．

有命自天．命此文王．於周於京．
纘女維莘．長子維行．篤生武王．
保右命爾．燮伐大商．
殷商之旅．其會如林．
矢於牧野．維予侯興．
上帝臨女．無貳爾心．
牧野洋洋．檀車煌煌．駟騵彭彭．
維師尚父．時維鷹揚．
涼彼武王．肆伐大商．會朝清明．

綿

綿綿瓜瓞。民之初生。
自土沮漆。
古公亶父。陶復陶穴。
未有家室。
古公亶父。來朝走馬。
率西水滸。至於岐下。
爰及姜女。聿來胥宇。
周原膴膴。堇荼如飴。

爰始爰謀．爰契我龜．
曰止曰時．築室於茲．
乃慰乃止．乃左乃右．
乃疆乃理．乃宣乃畝．
自西徂東．周爰執事．
乃召司空．乃召司徒．俾立室家．
其繩則直．縮版以載．作廟翼翼．
捄之陾陾．度之薨薨．
築之登登．削屢馮馮．

百堵皆興．鼛鼓弗勝．

乃立皋門．皋門有伉．

乃立應門．應門將將．

乃立冢土．戎醜攸行．

肆不殄厥慍．亦不隕厥問．

柞棫拔矣．行道兑矣．

混夷駾矣．維其喙矣．

虞芮質厥成．文王蹶厥生．

予曰有疏附．予曰有先後．

予曰有奔奏．予曰有禦侮．

生民

厥初生民．時維姜嫄．
生民如何．克禋克祀．
以弗無子．
履帝武敏歆．攸介攸止．
載震載夙．載生載育．
時維後稷．
誕彌厥月．先生如達．

不坼不副。無菑無害。
以赫厥靈。
上帝不寧。不康禋祀。
居然生子。
誕寘之隘巷。牛羊腓字之。
誕寘之平林。會伐平林。
誕寘之寒冰。鳥覆翼之。
鳥乃去矣。後稷呱矣。
實覃實訏。厥聲載路。

誕實匍匐．克岐克嶷．

以就口食．

蓺之荏菽．荏菽旆旆．

禾役穟穟．麻麥幪幪．

瓜瓞唪唪．

誕後稷之穡．有相之道．

茀厥豐草．種之黃茂．

實方實苞．實種實褎．

實發實秀．實堅實好．

實穎實栗。即有邰家室。

誕降嘉種。維秬維秠。

維穈維芑。

恒之秬秠。是穫是畝。

恒之穈芑。是任是負。

以歸肇祀。

誕我祀如何。或舂或揄。

或簸或蹂。

釋之叟叟。烝之浮浮。

載謀載惟。取蕭祭脂。
取羝以軷。載燔載烈。
以興嗣歲。
卬盛於豆。於豆於登。
其香始升。
上帝居歆。胡臭亶時。
後稷肇祀。庶無罪悔。
以迄於今。

公劉

篤公劉。匪居匪康。
乃埸乃疆。乃積乃倉。
乃裹餱糧。於橐於囊。
思輯用光。弓矢斯張。
干戈戚揚。爰方啓行。

篤公劉。於胥斯原。
既庶既繁。既順乃宣。
而無永嘆。

陟則在巘。復降在原。
何以舟之。維玉及瑤。
鞞琫容刀。
篤公劉。逝彼百泉。
瞻彼溥原。
乃陟南岡。乃覯於京。
京師之野。於時處處。
於時廬旅。
於時言言。於時語語。

篤公劉。於京斯依。
蹌蹌濟濟。俾筵俾幾。
既登乃依。乃造其曹。
執豕於牢。酌之用匏。
食之飲之。君之宗之。
篤公劉。既溥既長。
既景乃岡。
相其陰陽。觀其流泉。
其軍三單。度其隰原。

徹田爲糧。度其夕陽。豳居允荒。篤公劉。於豳斯館。涉渭爲亂。取厲取鍛。止基乃理。爰衆爰有。夾其皇澗。溯其過澗。止旅乃密。芮鞫之即。

周頌

清廟

於穆清廟．肅雝顯相．
濟濟多士．秉文之德．
對越在天．駿奔走在廟．
不顯不承．無射於人斯．

魯頌

駉

駉駉牡馬．在坰之野．
薄言駉者．有驈有皇．
有驪有黃．以車彭彭．

思無疆。思馬斯臧。
駉駉牡馬。在坰之野。
薄言駉者。有駰有騢。
有騂有騏。以車伾伾。
思無期。思馬斯才。
駉駉牡馬。在坰之野。
薄言駉者。有驒有駱。
有駵有雒。以車繹繹。
思無斁。思馬斯作。

駉駉牡馬。在坰之野。
薄言駉者。有駰有騢。
有驔有魚。以車祛祛。
思無邪。思馬斯徂。

商頌

那

猗與那與。置我鞉鼓。
奏鼓簡簡。衎我烈祖。
湯孫奏假。綏我思成。

鞉鼓淵淵．嘒嘒管聲．
既和且平．依我磬聲．
於赫湯孫．穆穆厥聲．
庸鼓有斁．萬舞有奕．
我有嘉客．亦不夷懌．
自古在昔．先民有作．
温恭朝夕．執事有恪．
顧予烝嘗．湯孫之將．

圖書在版編目（CIP）數據

詩經 / 北京華夏文化藝術研究院選編 . -- 北京 ：
文物出版社，2020.6（2021.6 重印）
（華夏傳統文化經典系列）
ISBN 978-7-5010-6696-4

Ⅰ . ①詩… Ⅱ . ①北… Ⅲ . ①古體詩－詩集－中國－
春秋時代 Ⅳ . ① I222.2

中國版本圖書館 CIP 數據核字（2020）第 089112 號

華夏傳統文化經典系列： 詩經

選　　編：北京華夏文化藝術研究院

策　　劃：北京華夏文化藝術研究院
責任編輯：劉永海
責任印製：蘇　林
封面設計：石　冰　鐘尊朝

出版發行：文物出版社
地　　址：北京市東城區東直門内北小街 2 號樓
郵　　編：100007
網　　址：http://www.wenwu.com
經　　銷：新華書店
印　　刷：三河市華東印刷有限公司
開　　本：710mm × 1000mm　1/16
印　　張：12.25
版　　次：2020 年 6 月第 1 版
印　　次：2021 年 6 月第 2 次印刷
書　　號：ISBN 978-7-5010-6696-4
定　　價：358.00 元（全十册）
